AF337524

SOCIÉTÉ DE GÉOGRAPHIE DE LISBONNE

# LA PREMIÈRE
# INVASION DES NORMANDS

DANS

## L'ESPAGNE MUSULMANE EN 844

MÉMOIRE DESTINÉ À LA 10ème SESSION

DU

## CONGRÈS INTERNATIONAL DES ORIENTALISTES

Par le Professeur

ADAM KRISTOFFER FABRICIUS

M. S. G. L.

LISBONNE

IMPRIMERIE NATIONALE

1892

SOCIÉTÉ DE GÉOGRAPHIE DE LISBONNE

# LA PREMIÈRE

# INVASION DES NORMANDS

DANS

## L'ESPAGNE MUSULMANE EN 844

MÉMOIRE DESTINÉ À LA 10ᵉᵐᵉ SESSION

DU

## CONGRÈS INTERNATIONAL DES ORIENTÂLISTES

Par le Professeur

### ADAM KRISTOFFER FABRICIUS

M. S. G. L.

LISBONNE

IMPRIMERIE NATIONALE

1892

# LA PREMIÈRE INVASION DES NORMANDS

DANS

## L'ESPAGNE MUSULMANE EN 844

Il y a en particulier trois auteurs arabes, qui sont importants pour l'histoire de cette invasion.

L'historien le plus ancien est *Ibn al-Koutia* du dixième siècle, dont le nom signifie fils de la Gothe, car il descendait de Sara, fille d'un fils de Witiza, qui avait épousé l'affranchi du calife Omar II, et leur fils Ibrahim fut l'aïeul d'Ibn-al-Koutia, qui fut ainsi le client (mawla) des Ommiades. Conséquemment, il avait peu de bonne volonté envers les Chrétiens. Né en Andalousie il étudia à Séville et fut le plus grand philologue de l'Espagne.

Il dictait à ses disciples les contes historiques, qui formaient son histoire de l'Espagne. Elle commence ainsi: Abu-Bekr Mohammed ibn-Omar ibn-Abdo'l-aziz — ce qui fut son nom complet — nous a raconté ceci... Cet historien remarquable mourut à Cordoue dans l'an arabe 367 (977). Évidemment il a suivi les traditions les plus anciennes sur l'invasion des Normands en 844, sur laquelle il donne les renseignements les plus complets et les plus importants; aussi faut-il le prendre comme fond de la relation [1].

---

[1] Le texte chez Dozy, *Recherches sur l'histoire et la littérature de l'Espagne pendant le moyen-âge*, 3ᵐᵉ édition, 1881, appendice xxxiv, d'après ms. de Paris, anciens fonds nᵒ 706, fl. 26 r., 27 v.

Abdérame fit construire la grande mosquée à Séville,
et les murailles de cette ville ayant été détruites par les
Madjous en 230, il les fit rebâtir. L'approche de ces barbares jeta l'épouvante parmi les habitants; tout le monde
prit la fuite et on alla chercher un asile, soit dans les
montagnes d'alentour, soit à Carmona. Dans tout l'Ouest
il n'y eut personne qui osât les combattre; par conséquent
on appela aux armes les habitants de Cordoue et des provinces voisines, et quand ils furent rassemblés, les vizirs
les conduisirent contre les envahisseurs.

Quant aux habitants des frontières, on les avait appelés
aux armes aussitôt que les Madjous, lors de leur débarque-
ment sur la côte de l'extrême Ouest, avaient pris posses-
sion de la plaine de Lisbonne.

Les vizirs s'établirent à Carmona avec leurs troupes;
mais l'ennemi étant d'une bravoure peu commune, ils
n'osèrent l'attaquer avant l'arrivée des troupes de la frontière. Celles-ci arrivèrent enfin, et parmi elles se trouvait
Mousâ-ibn-Kasi. Abdérame avait eu grand'peine à obtenir
le secours de ce chef; il avait été obligé de le caresser
et de lui rappeler les liens qui unissaient leurs familles,
un ancêtre de Mousâ ayant embrassé l'islamisme à la de-
mande du calife Walid et étant devenu de cette manière
le client de ce calife. Mousâ s'était enfin laissé fléchir, et
il avait marché vers le Midi avec une nombreuse armée;
cependant, lorsqu'il fut arrivé dans le voisinage de Carmona, il ne voulut se réunir ni aux autres corps des frontières, ni à l'armée des vizirs; il dressa son camp à part[1].

Les chefs des troupes des frontières ayant demandé des
renseignements sur les mouvements de l'ennemi, les vizirs

---

[1] De ce célèbre chef de l'Aragonie qui était de la famille de
Beni-Kasi, et qui descendait des Visigoths, voyez Dozy, *Recherches
sur l'hist. et la littér. de l'Espagne pendant le moyen-âge*, 3ème éd.,
1881, t. i, p. 212 seq. Il s'était fait indépendant d'Abdérame, et
fut enfin mortellement blessé, en 862, par son gendre Israk, gouverneur de Guadalaxara, quand il l'assiégeait dans cette ville.

leur répondirent que les Madjous envoyaient chaque jour des détachements vers Firrich, vers Lacant, vers Cordoue et vers Moron. Alors les autres leur demandèrent s'il n'y avait pas près de Séville un endroit où ils pussent se mettre en embuscade sans être aperçus, et les vizirs leur ayant indiqué le village de Quintos-Maâfir, au sud-est de Séville[1], ils s'y rendirent au milieu de la nuit, s'y embusquèrent, et mirent un des leurs, qui s'était muni d'un fagot, en vedette sur la tour de l'antique église du village.

Au lever du soleil, la vedette signala une bande de seize mille Madjous qui se dirigeaient vers Moron. Les ayant laissés passer, les Musulmans leur coupèrent la retraite vers Séville, après quoi ils les massacrèrent.

Puis les vizirs marchèrent en avant, et étant entrés dans Séville, ils trouvèrent le gouverneur assiégé dans le château. Il se réunit à eux, et les habitants rentrèrent en masse dans la ville.

Sans compter celle qui avait été taillée en pièces, deux autres bandes de Madjous s'étaient mises en campagne, l'une dans la direction de Lacant, l'autre dans celle du quartier des Beni'l-Laith à Cordoue. Or, lorsque les Madjous qui étaient encore à Séville, virent arriver l'armée musulmane et apprirent le désastre qui avait frappé la division qui était allée vers Moron, ils se rembarquèrent précipitamment; puis remontant le fleuve vers le château de [2]... ils rencontrèrent leurs camarades, et ceux-ci s'étant embarqués aussi, ils se mirent tous à redescendre le fleuve, tandis que les habitants du pays les accablaient d'injures

---

[1] Sur les anciennes cartes d'Espagne l'auteur a trouvé un village *Quintos* dans cette direction de Séville, près de *Dos Hermanos*. (V. «Repartimiento de Alfonso X, chez Espinosa», *Hist. de Sevilla*, fl. 16, col. 2). Maâfir était le nom d'une tribu arabe, qui sans doute a possédé le village.

[2] Le nom du château est écrit différemment chez Ibn-al-Koutia et Ibn-Hayan, fl. 61 v. Il se trouvait à huit milles (deux lieues) de Séville, vers l'est, et fut détruit par les troupes du sultan omaiyade Abdallah.

et frondaient des pierres. Arrivés à un mille au-dessous de
Séville, les Madjous leur crièrent: «Laissez-nous tranquil-
les, si vous voulez racheter les prisonniers!»

Le peuple ayant cessé alors de leur jeter des projecti-
les, ils permirent à tout le monde de racheter les captifs.
On paya une rançon pour la plupart d'entre eux; mais les
Madjous ne voulurent accepter ni or ni argent; ils accep-
tèrent seulement des vêtements et des vivres.

(Après avoir quitté Séville, ils se rendirent à Nécour,
ou ils firent prisonnier l'aïeul Ibn-Çalih; mais l'émir Abdérame ibn-Hakam le racheta, et par reconnaissance pour ce
bienfait, les Beni-Çalih ont toujours eu avec les Omaiyades
des relations d'amitié. Ensuite, des Madjous pillèrent à la
fois l'un et l'autre côté, et pendant cette expédition, qui
dura quatorze ans, ils arrivèrent dans le pays de Roum
ou l'Italie, et en Alexandrie)[1].

Quand la grand mosquée de Séville fut achevée, Abdérame rêva qu'il y entrait et que dans la Kibla il trouvait
le Prophète mort et enveloppé d'un linceul[2]. En se ré-
veillant il était fort triste; et ayant demandé aux devins
l'explication de ce songe, ils lui répondirent que l'exercice
du culte cesserait dans cette mosquée. Il en fut ainsi lorsque
les Madjous se furent emparés de la ville.

Plusieurs chaikhs de Séville ont raconté que les Madjous
lançaient des flèches brûlantes sur le toit de la mosquée,
et que les parties du toit qu'atteignaient ces flèches tombaient en bas. Aujourd'hui encore on peut y voir les traces
de ces flèches. Puis, lorsque les Madjous s'aperçurent que
de cette manière ils ne réussiraient pas à brûler la mosquée, ils amoncelèrent du bois et des nattes de jonc dans
une des nefs. Ils avaient l'intention d'y mettre le feu et

---

[1] Il est évident que le passage de la prise de Nécour et de l'expédition à Roum et en Alexandrie chez Ibn-al-Koutia appartient à
la seconde invasion, en 859.

[2] *Kiblah* ou *mihrab*, la partie qui se trouve du côté de la
Mecque.

ils espéraient que l'incendie atteindrait le toit ; mais un jeune homme qui arriva du coté du mihrab, vint à leur rencontre. Il les chassa de la mosquée, et pendant trois jours consécutifs, jusqu'au jour de la grande bataille il les empêcha d'y entrer. Les Madjous disaient que le jeune homme qui les avait chassés de la mosquée, était d'une beauté extraordinaire.

Dès lors l'émir Abdérame prit des mesures de précaution. Il fit bâtir un arsenal à Séville, ordonna de construire des vaisseaux, et enrôla des mariniers des côtes de l'Andalousie ; il leur alloua des appointements fort élevés, et leur fournit des machines de guerre et du naphte. Aussi, lorsque les Madjous arrivèrent pour la seconde fois, dans l'année 244 (19 avril 858 — 7 avril 859), sous le règne de l'émir Mohammed, on alla les combattre à l'embouchure du fleuve ; et quand ils eurent été battus et que plusieurs de leurs navires eurent été brûlés, ils s'en allèrent.

*Ibn-Adhari*, compilateur diligent, qui a copié Arib ibn-Sad de Cordoue, le secrétaire et client de Hakam II, qui écrivait en 977. Il dit lui-même, qu'il a composé son ouvrage en 1299. Dans son Dictionnaire biographique Ibn-al-Khatib le nomme auteur de Bayano'l mogrib et Marrocain (al Marrékoschi) ; mais Dozy, qui l'a publié, n'a pu trouver aucun renseignement sur lui [1].

En racontant cette invasion, Ibn-Adhari cite deux livres, le *Bahdja an-nafs*, qui nous est inconnu, et le *Dorar al kalâyid waghorar al-fawâyid*, par Abou-Amir (Mohammed ibn-Ahmed ibn-Amir) Sâlimî, qui paraît avoir vécu au XIe ou au XIIe siècle. D'après les extraits chez plusieurs auteurs, son histoire était en prose rimée, ce que l'on remarque aussi dans deux passages d'Ibn-Adhari :

---

[1] L'*Introduction*, p. 76. Le texte chez Dozy, éd d'Ibn-Adhari, t. ii, p. 89-91.

Dans l'année 229 (30 sept. 843 — 17 sept. 844) on reçut dans la capitale une lettre de Wahballâh ibn-Hazm, le gouverneur de Lisbonne. Il y disait que les Madjous s'étaient montrés dans cinquante-quatre vaisseaux et autant de barques, sur les côtes de sa province. Abdérame l'autorisa alors, de même que les gouverneurs des autres provinces maritimes, à prendre les mesures commandées par les circonstances.

*Prise de Séville par les Madjous dans l'année 230.*—Les Madjous arrivèrent dans environ quatre-vingts navires, et l'on eût dit qu'ils avaient rempli la mer d'oiseaux d'un rouge foncé, de même qu'ils avaient rempli le cœur des hommes d'appréhensions et d'angoisses. Après avoir débarqué à Lisbonne, ils allèrent à Cadix, puis vers (la province de) Sidona [1], puis à Séville. Ils assiégèrent cette ville, la prirent de vive force, et ayant fait éprouver à ses habitants les douleurs de la captivité ou de la mort, ils y restèrent sept jours, pendant lesquels ils firent avaler le calice au peuple.

Dès qu'il fut informé de ce qui était arrivé, l'émir Abdérame confia le commandement de la cavalerie au hâdjib Isâ ibn-Chohaid. Les Musulmans s'empressèrent d'accourir sous les drapeaux de ce général et de s'attacher à lui aussi étroitement que la paupière est attachée à l'œil.

Abdallâh ibn-Kolaib, Ibn-Wasîm et d'autres officiers généraux se mirent aussi en route avec de la cavalerie. Le chef de l'armée établit son quartier général dans l'Axarafe, et il écrivit aux gouverneurs des districts pour leur ordonner d'appeler leurs administrés aux armes. Ceux-ci se rendirent alors à Cordoue, et l'eunuque Naçr les conduisit vers l'armée.

----

[1] Arabe *Shidunah*, à présent Medina Sidonia, la capitale du district Shidunah, aussi nommé Palestina. Ainsi, les noms orientaux ont été souvent transférés à l'Espagne, par exemple, Séville, en arabe Ishbilia, d'après H i s p a l i s des Romains, a quelquefois été appelée Emessa et Damask.

Cependant les Madjous recevaient sans cesse des renforts, et d'après l'auteur du livre intitulé *Báhdja an-nafs,* ils continuèrent pendant treize jours à tuer les hommes et à réduire en servitude les femmes et les enfants: mais au lieu de treize jours, l'auteur du Dorar al-kalâyid dit sept jours, et nous l'avons suivi ci-dessus. Après avoir livré quelques combats aux troupes musulmanes, ils se rendirent à Captel où ils restèrent trois jours. Puis ils entrèrent dans Caura, à 12 milles (trois lieues)[1] de Séville, où ils massacrèrent beaucoup de personnes, après quoi ils s'emparèrent de Talyâta[2], à deux milles ($^{1}/_{2}$ lieue) de Séville. Ils y passèrent la nuit, et le lendemain matin ils se montrèrent dans un endroit qu'on appelle al-Fakkhârîn. Ensuite ils se rembarquèrent; mais plus tard ils livrèrent un combat aux Musulmans. Ces derniers furent mis en déroute et perdirent un nombre incalculable des leurs. Étant retournés à leurs vaisseaux, les Madjous allèrent vers Sidona et de là à Cadix, après que l'émir Abdérame eut envoyé contre eux ses généraux et qu'on les eut combattus tantôt avec succès, tantôt avec perte. A la fin on se servit contre eux de machines de guerre, et des renforts étant arrivés de Cordoue, les Madjous furent mis en fuite. On leur tua environ cinq cents hommes et l'on s'empara de quatre de leurs vaisseaux avec tout ce qu'ils contenaient. Ibn Wasîm les fit brûler, après avoir fait vendre ce qu'il y avait de-

---

[1] Ibn-Hayan a la même distance, mais Madoz, *Diccion. gr.,* etc. ne compte que deux lieues entre Séville et Coria del Rio. C a u r i a est mentionnée par Pline, et les Arabes prononçaient le nom comme les Romains, *Lobb al-lobâb,* p. 214. Les anciens auteurs espagnols, Caro, *Antiq. de Séville,* fl. 116 v., Morgado, *Hist. de Sevilla,* fl. 40, col. 1, mettent, comme Madoz, Coria à deux lieues de Séville.

[2] Ni *Tejada,* comme le veut de Slane dans sa traduction de l'*Histoire des Berbers,* par Ibn-Khaldun, t. ii, p. 185, ni *Tablata,* Roder. Toled. *Hist. Arabum,* chez *Schott,* t. ii, p. 175, mais sans doute *Talyâta,* une demi-lieue au midi de Séville, à l'embouchure de Guadaira. Dozy, *Recherches,* i, 308–311, ne connait pas moins de quatre villes de ce nom dans l'Andalousie.

dans. Ensuite ils furent battus à Talyâta, le mardi 25 Çafar de cette année (11 nov. 844). Beaucoup d'entre eux furent tués, d'autres furent pendus à Séville, d'autres encore le furent aux palmiers qui se trouvent à Talyâta, et trente de leurs vaisseaux furent brulés. Ceux qui avaient échappé au massacre se rembarquèrent, ils se rendirent à Niebla, puis à Lisbonne, et l'on n'entendit plus parler d'eux. Ils étaient arrivés à Séville le mercredi 14 Moharram de l'année 230 (1 oct. 844) et à compter du jour où ils entrèrent dans Séville jusqu'au départ de ceux qui avaient échappé au glaive, quarante-deux jours s'étaient écoulés. Leur chef avait été tué. Pour les punir de leurs crimes, Dieu les livra au massacre et les anéantit, quelque nombreux qu'ils fussent. Quand ils eurent été vaincus, le gouvernement annonça cet heureux évènement à toutes les provinces, et l'émir Abdérame écrivit aussi aux Cinhâdja de Tanger, pour les informer que, grâce aux secours de Dieu, il avait été à même de réduire les Madjous au néant. En même temps il leur envoya la tête du chef et deux cents autres têtes, celles des principaux guerriers des Madjous.

Le troisième historien *Nowairi* était né dans une petite ville en Espagne du même nom, en 1284, et mourut en 1332. Il fut un auteur assez fécond. Dozy donne le texte de l'invasion (Recherches, tom. II appendice XXXIV) et la traduction p. 253–255; il a aussi traduit les textes d'Ibn-al Koutia et d'Ibn-Adhari (259–264 et 255–259).

Voici un passage de Nowairi: *Récit de l'invasion des Polythéistes dans l'Espagne musulmane.* Dans l'année 230 (18 septembre 844 — 6 septembre 845) les Madjous qui demeurent dans la partie la plus reculée de l'Espagne [1],

---

1 Nowairi aurait pu dire, que les Normands demeurèrent en France, où ils passèrent l'hiver sur les iles qui en longent la côte. Mais peut-être pense-t-il à la Galicie, d'où ils venaient. Par *Andalos* les Maures signifiaient toute la peninsule. Ordinairement on

firent une invasion dans le pays des Musulmans. Ils se montrèrent d'abord à Lisbonne, en Dzou-'l hiddja de l'année 229 (20 août — 17 septembre 844), et y restèrent treize jours, pendant lesquels les Musulmans leur livrèrent plusieurs combats. Ensuite ils allèrent à Cadix et de-là vers (la province de) Sidona. Il y eut une grande bataille entre eux et les Musulmans. Le 8 Moharram (25 septembre) Ils s'établirent à douze parasanges de Séville. Les Musulmans allèrent à leur rencontre, mais le 12 Moharram (29 septembre) ils furent mis en déroute et perdirent beaucoup des leurs. Ensuite les Madjous allèrent camper à deux milles de Séville. Les habitants de cette cité marchèrent contre eux et les combattirent; mais le 14 Moharram (1 octobre) ils furent battus. Beaucoup d'entre eux furent tués ou tombèrent entre les mains des Madjous, qui n'épargnèrent rien, pas même les bêtes de somme. Étant entrés dans la ville, les vainqueurs y restèrent un jour et une nuit, après quoi ils retournèrent à leurs vaisseaux; mais, quand ils virent arriver l'armée d'Abdérame (II), ils s'empressèrent d'aller à sa rencontre. Les Musulmans tinrent ferme, et le combat s'étant engagé, soixante-dix polythéistes perdirent la vie. Les autres prirent la fuite et se rembarquèrent, les Musulmans n'osant

———————————

derive ce nom des Vandales *(Razi* chez *Ibn-Chebat,* p. 96) mais Dozy, *Recherches,* I, p. 301, pense, qu'il vient de l'ancien nom de Tarifa, Andalos, qui remplaça le nom romain de T r a d u c t a, quand les Vandales s'embarquèrent ici pour l'Afrique *(Gregor. Turon,* II, 2: persequentibus Alemannis usque ad Traductam, transito mari Vandali per totam Africam et Mauritaniam sunt dispersi). Les Berbères qui abordèrent sous Tarik à Andalos *(Akhbar madjmoua, Arib,* chez Ibn-Adhari, t. II, p. 6) pourraient alors avoir transféré le nom d'Andalos premièrement à B e t i c a, puis à toute l'Espagne, tandis qu'ils appellaient la ville même Tarifa d'après Tarif: «la péninsule, où Tarif aborda». Il semble un peu forcé d'abolir ou faire disparaître à la fois sans trace le nom de la ville, et en même temps le transférer à tout le pays; enfin, le nom viendrait, néanmoins, ainsi des *Vandales,* ne fût-ce qu'en seconde main!

pas les poursuivre. Puis Abdérame envoya contre eux une autre armée. Il y eut alors une nouvelle bataille qui fut fort acharnée; mais les Madjous battirent en retraite. Le 2 Rebi Ier (17 novembre) l'armée musulmane se mit à leur poursuite, et ayant attiré à elle les renforts qui arrivaient de toutes parts, elle les attaqua de nouveau et de tout côté. Le Madjous prirent alors la fuite, après avoir perdu environ cinq cents hommes. On leur enleva quatre navires, que l'on brûla après qu'on en eut ôté ce qu'ils contenaient. Puis les Madjous allèrent à Niebla, où ils se rendirent maîtres d'une galère, et, s'étant établis sur une île près de Corias, il y divisèrent leur butin. Les Musulmans remontèrent le fleuve (Tinto) pour les attaquer et tuèrent deux d'entre eux. Ensuite les Madjous se remirent en route et firent une invasion dans (la province de) Sidona. Ils s'y emparèrent de beaucoup de vivres et y firent plusieurs prisonniers; mais deux jours après qu'ils furent venus, les navires d'Abdérame arrivèrent à Séville, et à leur approche, les Madjous retournèrent vers Niebla, et coururent le pays en faisant des prisonniers. Puis ils se rendirent à Oksonoba[1] et de là à Beja[2]. Étant ensuite retournés à Lisbonne, ils quittèrent les côtes de l'Espagne, de sorte que l'on n'entendit plus parler d'eux et que l'on se tranquillisa».

La courte relation de *Makkari,* qui beaucoup plus tard a recueilli les écrits des meilleurs auteurs arabes — ne soit-il qu'en fragments ou extraits — pour produire une histoire d'Espagne, n'est qu'un extrait bref de Nowairi. Il tira son nom de sa ville natale, la petite ville Makkarah près de Tlemsen, et mourut en 1631 au Caire. Cette relation de la première invasion se lit dans la *History of the Mohammedan dynasties in Spain,* par Gayangos, II,

----

[1] Au nord de Faro, près d'*Estoi,* dans l'Algarve. *Makkari,* p. 113, l'appelle «une capitale, entourée de villes et de forteresses.
[2] Pax Julia des Romains: dans l'Alemtejo.

p. 116; elle ne contient rien de nouveau et ajoute à la fin: Abdérame visita lui-même les endroits où ils étaient entrés, répara le dommage qu'ils avaient fait, et en renforçant les garnisons, il assura la contrée contre des invasions futures de ces barbares. La traduction de Gayangos est curieuse: Les Madjous allèrent à Leslah [1] (au lieu de Liblah) et se rendirent maîtres de Shineba (au lieu d'une galère).

*Roderic de Toledo,* historia Arabum, chap. 26 suit presque littéralement Ibn-Adhari. Il nomme Talyâta—le lieu de bataille, à une demie-lieue au midi de Séville—par erreur comme Tablata, ce qui autrement signifie la plaine au midi de Séville. En outre il effume un peu les couleurs assez vivantes de la peinture Arabe en faisant tomber 400 des Madjous au lieu de 500 en ajoutant, que «les Arabes aussi perdirent beaucoup de monde».

Le Chronicon d'*Alfonso el Sabio* ne contient qu'une reproduction de l'histoire des Arabes par Roderic, avec quelques additions, en partie naïves: par exemple, qu'Abdérame envoya la communication aux Normands, qu'ils ne devaient pas entrer dans son pays et y faire dommage, message, dont naturellement ils ne se souciaient pas; que tant d'Arabes tombèrent à la bataille de Séville «qu'ils n'avaient pas leur nombre; que tant de butin et de richesses étaient trainés aux vaisseaux, qu'il n'y avait pas un homme qui pût les conter»[2]; exagérations arabes qui rappellent l'expression de l'auteur arabe sur la bataille de 711: «tant d'hommes

---

[1] Niebla, en arabe *Liblah,* Ilipla des Romains, près de la rivière Tinto, à l'ouest de Séville.

[2] Envió (Abdérame) les dezir que nol entrassen en su tierra, nil fiziessen y danno ninguno; mas los de las naues non dexaron por esso de estar y; ... que non auien cuenta; ... que non es omne (hombre) que darles pudiesse cuenta; *Cron. de Alfonso el Sabio,* t. II, fl. 24, ms. do Escorial. Extrait en *Las invasiones de los Normandos* dans *Los Historiadores Españoles,* por A. Fabricio, Leipzig, 1858, p. 54 seq.

périrent, que Dieu seul, qui les créait, pourrait les conter» [1].

En outre, les Normands sont nommés comme chez Roderic: «yentes aquellos que alli uinieron con aquellas naues; los de las naues, etc.»

Ici il ne les appelle pas Normands, malgré qu'aussitôt après il fait mention de leur invasion sous Ramire II, que pour comble de confusion il place en 846, après leur invasion en Andalousie.

Il règne surtout une très grande confusion dans la chronologie à l'égard de cette première invasion, qui varie entre 827 et 847.

Plusieurs auteurs espagnols ont mis 827 [2], ce qui a été suivi par les Danois; mais Suhm déjà semble en avoir doute [3]. Il est évident, que les mêmes faits ont été racontés en 827 qu'en 844. Plusieurs auteurs récents font aller l'expédition contre la Galicie en 843 et contre l'Andalousie en 844. Le moine de Silos a 843; Conde [4] l'a suivi et les auteurs récents [5] ont suivi Conde, jusqu'à ce que la critique moderne a complètement démontré sa faute de critique et conséquemment son incertitude. Mais les Espagnols les plus dignes de foi admettent 844, d'accord avec nos Arabes,

----

[1] «Murieron tantos, que solo Dios que los crió, los podria contar.» Cette grande bataille, en juillet 711, n'a pas eu lieu à Jerez, ni à Guadalete, comme on l'a cru en général, mais, d'après les meilleures sources arabes, «au lac», Lago de la Janda, au nord-ouest de Tarifa, plus près du détroit. En ce cas il n'est pas singulier, qu'on n'ait point trouvé de vestiges de la bataille, par exemple, des armes, des ossements, comme on l'avait espéré, lorsqu'on traversa la plaine de Jerez pour y construire le chemin de fer.

[2] Rodericus Sanctius, *Hisp. hist.*, pars. III, c. 10, en *Hisp. illust.*, t. I, p. 159, Joh. Vasœus, *Hisp. cronicon*, en *Hisp. illust.*, t. II, p. 519, (d'après lui *Scr. Rer. Danic.*, I, 513 en *Chronologia Anschariana*.

[3] *Hist. af Danmark*, t. I, p. 61.

[4] *Hist. de la dominacion de los Arabes en España*, p. II, p. 45.

[5] Joseph Aschbach, *Geschichte der Ommajaden in Spanien*, I, p. 254, note 25.

Ibn-al-Koutia, Ibn-Adhari et Nowairi, qui racontent l'invasion le plus complètement et le plus distinctement[1].

Ce furent les mêmes Normands qui furent repoussés de la Galicie et perdirent l'envie d'y faire une nouvelle tentative; alors ils se jetèrent sur le pays des Maures après avoir attiré des renforcements. Ainsi, ils ne retournèrent pas dans leur patrie, comme un seul historien[2] le raconte, et il n'est pas vraisemblable qu'ils eussent hiverné entre 844 et 845 sur ces côtes hostiles, où le belliqueux Ramire ne les aurait guère laissés en repos.

Mais toute cette conjecture de deux années tombe, quand on aperçoit, que Roderic, d'après ses sources arabes, nomme deux années arabes, 229 (30 sept. 843 — 17 sept. 844) et 230[3] (18 sept. 844 — 6 sept. 845) pour l'expédition en Andalousie, raison par laquelle les écrivains espagnols plus tard ont été méconduits à parler aussi de deux ans chrétiens, malgré que tous les deux ans arabes sont conjoints dans le seul an chrétien 844, dont le 18 septembre est justement le jour premier de l'an arabe 230. Ibn-Adhari, et avant tous Nowairi, est ici décisif, nommant expressément le mois de Dzou-'l hiddja (20 août — 17 sept. 844).

Ainsi, on trouve un bon espace pour les évènements en Galicie avant le mois de septembre et pour ceux en Andalousie après le septembre, en automme. Dozy aussi ne présume qu'un an, 844. Ce qui est curieux, c'est que la *Chronologia Anschariana* (Script. Rer. Danic., t. I, p. 532) rapporte cette invasion non seulement en 827, mais aussi en 844 et 846, et ainsi la fait revenir pas moins de trois fois!

---

[1] Ferreras, *Hist. de España*, 1716, t. IV, p. 177, *Esp. sagrada*, t. XXXVII, p. 195 (v. *Annales Bertiniani*, p. 201 ad ann. 844, *Scr. Rer. Dan.*, I, p. 527 en *Chronologia Anschariana*.

[2] Rod. Tolet., *Hist. Arabum*, c. 26 : ad propria remearunt, *Fragm. Hist. Armoric.*, Martène, t. III, p. 833... redierunt Burdigalam (mais déjà de la Galicie).

[3] Roderic Tolet., c. 26 : anno Arabum ccxxix... in Ulixbone littore appulisse... Sequenti anno... xiii dies Hispalim obsederunt.

Il appartient aux choses remarquables de Conde, qu'il appelle Djezirat al-Khadra (Algeciras)[1] Gezira Cadis, et dérive le nom de Madjous, chez lui Magiog, de Gog et Magog, les noms connus de l'Écriture[2]!

Il est très difficile de réunir les trois relations arabes en une seule, lorsqu'elles se contredisent quant à la suite des lieux et des évènements. La raison principale en est, comme Dozy le présume, qu'elles ne sont pas des relations contemporaines, mais des traditions, rédigées par écrit à des temps différents, premièrement par Ibn-al-Koutia au dixième siècle ; car il tarda longtemps avant que les Arabes eussent commencé à écrire leur histoire. Peut-être nous donnent-ils aussi quelquefois les évènements des divisions spéciales, car les Normands se divisèrent souvent pour se rejoindre de nouveau, ce dont les écrivains arabes ne se sont pas aperçus, en racontant le sort des sections séparées. Les Normands ne formèrent pas une seule armée, mais plusieurs, qui tantôt se separèrent, tantôt se réunirent, ce qui rend difficile de suivre leurs mouvements.

Nous chercherons la tâche pénible de réunir les relations des différents auteurs. Ibn-Adhari et Nowairi racontent en particulier le commencement, Ibn-al-Koutia le milieu des évènements, en Séville et ses environs, et Nowairi la fin de l'invasion.

Après avoir été repoussés par Ramire dans la Galicie, les Normands se jetèrent sur l'Espagne arabe, répandant la frayeur et l'épouvante partout. Vers la fin d'août ou le commencement de septembre (le mois Dzou-'l hiddja, Nowairi) ils abordèrent à Lisbonne (Lishbunah des Arabes,

---

[1] Conde, *Hist. de la dominacion de los Arabes en España*, nomme, ainsi que Roderic, Algeciras parmi les villes ravagées. Le nom arabe Djezîrat, île, prit le surnom al-Khadra «la verte» pour ne pas se confondre avec Djezîrat el Tarif ou Tarifa. Algeciras est située sur une colline qui domine la mer, et l'île, qui est vis-à-vis de la ville, s'appelle encore la Isla verde.

[2] Aschbach, I, p. 254 a adopté cette dérivation antique et fausse.

Olisipo des Romains, Ulixibona du moyen-âge), alors une ville de commerce mauresque importante, s'emparèrent de la plaine, restèrent là pendant treize jours et livrèrent plusieurs combats (Now.). Le gouverneur de Lisbonne, Wahballah ibn-Hazm envoya une lettre à la capitale (Cordoue), pour annoncer que les Normands s'étaient montrés sur les côtes avec 54 vaisseaux et autant de barques, et reçut comme tous les autres gouverneurs d'Abdérame le plein pouvoir de prendre toutes les mesures nécessaires (Ibn-Adhari). Mais dans l'Ouest il n'y eut personne qui osât les combattre.

Après le 18 septembre ils allèrent dans environ quatre-vingts navires («oiseaux d'un rouge foncé») à Cadix et de là vers Sidona (Ibn-Adhari, Now.) Shidunah des Arabes, aujourd'hui Medina Sidonia, alors la capitale d'un district Sidona qui s'étendait du Guadalquivir à Gibraltar. Il y eut une grande bataille entre eux et les Maures.

Le 25 septembre ils s'établirent à douze parasanges de Séville. Les Musulmans allèrent à leur rencontre, mais le 29 septembre ils furent mis en déroute et perdirent beaucoup d'hommes. Ensuite les Normands allèrent camper à deux milles de Séville. Les habitants furent battus le 1 octobre; et beaucoup d'entre eux furent tués, beaucoup faits prisonniers, mais les Normands n'épargnèrent rien, pas même les bêtes de somme (Now.). Tout le monde prit la fuite aux montagnes d'alentour ou à Carmona, où les vizirs assemblèrent leurs troupes, mais n'osèrent pas attaquer l'ennemi, qui était d'une bravoure peu commune, avant l'arrivée des troupes de la frontière, qui furent à l'instant appelés aux armes (Ibn-al-Koutia).

Cependant, les Normands prirent Séville d'assaut, mais non le château, où le gouverneur se defendit, et ils firent avaler le calice aux habitants, (Ibn-Adhari), d'après quelques auteurs en treize, d'après autres en sept jours. Nowairi est le seul qui ne les fait demeurer dans la ville qu'un jour et une nuit, ce qui est peu vraisemblable d'après ce qui suit.

Ibn-al-Koutia raconte qu'ils lançaient des flèches brûlantes sur le toit de la mosquée, et que plusieurs parties étaient atteintes par ces flèches et tombaient, ce dont on pouvait encore voir les traces un siècle après. Lorsqu'ils ne réussirent pas à brûler la mosquée, ils amoncelèrent du bois et des nattes de jonc dans une nef pour y mettre le feu; mais un jeune homme, arrivant du côté du mihrab (le sanctuaire) les chassa de la mosquée et les empêcha de y entrer pendant *trois jours* jusqu'au jour de la grande bataille. Ils disaient que ce jeune homme était d'une beauté extraordinaire. Évidemment Ibn al-Koutia crut à un évènement «extraordinaire» et surnaturel et regarda le jeune homme comme un ange. Mais le songe d'Abdérame fut accompli. Lorsque la grande mosquée fut achevée, il rêva qu'il trouvait dans la Kibla ou mihrab le Prophète mort et enveloppé d'un linceul. Les devins expliquaient le songe dans le sens, que l'exercice du culte cesserait dans la mosquée, ce qui fut fait alors par les Normands.

Cependant, les environs de Séville furent dépouillés, les hommes tués, les femmes et les enfants réduits en servitude. Ibn-Adhari mentionne plusieurs combats et devastations des Normands à *Captel,* Isla menor, l'une des deux îles que forme le Guadalquivir, où ils restèrent trois jours, à *Cauria,* aujourd'hui Coria del Rio, à deux lieues sud-ouest de Séville, où ils massacrèrent beaucoup de personnes, à *Talyâta,* une demi-lieue au sud de Séville, où le Guadaira se jette dans le Guadalquivir, et le lendemain matin dans un endroit, *al-Fakkharîn,* sans doute Alfarache, à une lieue sud-ouest de Séville, de l'autre côté du Guadalquivir.

Enfin, les troupes arabes de divers côtés s'étaient réunies à *Carmona.* Parmi les troupes de la frontière se trouvait Mousa-ibn-Casi, chef célèbre de l'Aragonie. Quoique client du calife, il s'était fait indépendant de lui et il avait été très difficile de le résoudre à lui apporter du secours. Enfin, lorsqu'il arriva dans le voisinage de Carmona, il dressa son camp à part (Ibn al K.) Mais le chef de la cavalerie était le hadjib Isa ibn-Chohaid, auquel les Musulmans s'empressèrent d'accourir et de se réunir aussi étroitement, que «la paupière est reunie à l'œil», comme Abdallah ibn-Colaïb, Ibn-Wasim et autres officiers avec leur cavalerie.

Le chef de l'armée établit son quartier général dans l'Axarafe, le mont Djebel-Sheref près de Séville, qu'on allait délivrer. L'eunuque Naçr conduisit les troupes de Cordoue à l'armée.

Les Normands aussi avaient sans cesse reçu des renforts et envoyaient tous les jours de Séville des détachements vers *Firrich* au nord [1], vers *Lacant* au nord-ouest [2], vers *Cordoue* au nord-est, et vers *Moron* au sud-est; mais l'expédition vers Moron tomba dans une embuscade à *Quintos Maâfir,* un village, où les Arabes, qui s'étaient cachés, furent avertis par une vedette, qu'ils y avaient mis, munie d'un fagot, sur la tour de l'antique église du village. Les Normands furent tous massacrés. (Ibn-al K.).

Puis, les vizirs entrèrent dans Séville et delivrèrent le gouverneur assiégé dans le château. Les habitants rentrèrent en masse dans la ville. Lorsque les Normands à Séville virent arriver l'armée musulmane et apprirent le désastre de leurs compatriotes, ils se rembarquèrent précipitamment en remontant le fleuve jusqu'à un château à deux lieues, où ils rencontrèrent leurs camarades, qui étaient allés vers Lacant et Cordoue. Ceux-ci s'embarquèrent aussi, et ils se mirent tous à redescendre le fleuve, tandis que les habitants les accablaient d'injures et frondaient des pierres. Arrivés a un quart de lieue au dessus de Séville les Normands crièrent: «Laissez-nous tranquil-

---

[1] Près de Constantina, Yakout, t. III, p. 889. Édrisi, p. 207 (Edit. de Leyde.

[2] Yakout, t. IV, p. 363, connaît deux forteresses du nom Lacant dans la province de Mérida, situées vis-à-vis l'une de l'autre. D'après Dozy, *Recherches sur l'hist. et la littér. de l'Espagne pendant le moyen-âge,* cet endroit, qui est souvent nommé chez les auteurs arabes, se trouvait peut-être près de *Fuente de Cantos,* au nord-ouest de Séville.

les, si vous voulez racheter les prisonniers!» On paya une rançon pour la plupart d'entre eux, mais les Normands ne voulaient accepter ni or, ni argent, mais seulement des vêtements et des vivres (Ibn-al K.).

Plusieurs batailles furent livrées avec succès variable, tantôt dans les environs de Séville, tantôt dans la province de Sidona; dans une de celles-ci les Normands perdirent soixante hommes (Now.), dans une autre les Arabes un nombre considérable des leurs (Ibn-Adhari). A la fin, on se servit contre eux de machines de guerre; et des renforts étant arrivés de Cordoue, les Arabes vengèrent leur défaite par une victoire à *Talyâta* près de Séville (nov. 844). Les captifs furent pendus à Séville ou aux palmiers de Talyâta, et trente de leurs vaisseaux furent brûlés. Quarante deux jours, (1 octob. — 11 nov.) s'étaient écoulés après leur entrée dans Séville jusqu'au départ, dit Ibn Adhari distinctement, et leur chef avait été tué. Nowaïri raconte encore une déroute des Normands poursuivis de tous côtés, après avoir quitté Séville, à ce qu'il semble, dans la province de Sidona (17 nov.), où ils perdirent environ 500 hommes, et quatre navires furent brûlées par Ibn-Wasim. C'est évidemment la même bataille dont parle Ibn-Adhari dans les environs de Séville avant celle de Talyâta, et qu'il paraît on doit transférer à cette place, par motif de l'indication claire et nette de la date fixe de 17 nov. chez Nowairi, car sans cela il est complètement impossible d'accorder ces rapports contradictoires. Ceux qui avaient échappé au massacre, s'embarquèrent et s'en allèrent à *Niebla,* où il se rendirent maîtres d'une galère et divisèrent leur butin dans une île près de Corias (?) peut-être Saltes; mais ils furent embarassés par les Musulmans, qui remontèrent le fleuve Tinto et tuèrent deux Normands. D'après Nowairi, qui raconte la fin de l'invasion plus complètement, ils attaquèrent encore une fois *Sidona* et s'y emparèrent de beaucoup de vivres et de plusieurs prisonniers; mais deux jours après, à l'approche de la flotte d'Abdérame, ils se rendirent à *Niebla* et de là à *Oksonoba* dans l'Algarve, à *Beja* dans l'Alemtejo, et enfin à *Lisbonne*, «leur point d'arrivée et de sortie», où ils quittèrent les côtes d'Espagne, sans doute mécontents de leurs pertes, qui leur avaient ôté l'envie et l'espoir de rester ici plus longtemps. Il a été leur intention de s'établir dans la belle Andalousie, comme plus tard dans la Normandie.

Abdérame fit annoncer la nouvelle heureuse à toutes les provinces et envoya la tête du chef et celles de deux cents autres guerriers Normands à la tribu de Cinhadja de Tanger. En prince habile, il prit toutes les précautions, pour empêcher de telles invasions à l'avenir. Il fit bâtir un arsenal à Séville et reconstruire les murs de cette ville ; il ordonna de construire des vaisseaux et enrôla des mariniers des côtes de l'Andalousie, auxquels il fournit des machines de guerre et du naphte.

Dans la seconde invasion des Normands, en 859, on put les repousser.

La disposition arabe à l'exagération se présente dans les gros nombres des pertes des Normands, p. ex., de trente vaisseaux perdus chez Ibn-Adhari ; mais Makkari qui semble avoir employé de la critique, ne dit que quelques vaisseaux brûlés ; et des 16000 Normands sabrés à Quintos Maâfir (Ibn-al-K.), une perte qui sans doute dépasse le nombre de toute l'armée Normande, ce qui porte à croire qu'il y a au moins un zéro de trop. L'épouvante des Maures fut au contraire si grande, qu'ils s'enfuirent de Séville à Carmona, quand Séville fut délivrée par les vizirs, et que les Normands eurent quitté la ville.

D'après le nombre des vaisseaux, le nombre des Normands, n'a pas pu surpasser 7000 à 8000 hommes, qui furent toujours diminués par les attaques continuelles de l'armée d'Abdérame. Celle-ci put à tout temps attirer des renforts de la populeuse Andalousie, tandis que l'armée normande n'en avait aucun au milieu du pays hostile.

Lorsque Canut le Grand, roi danois, fit en 1016 son expédition très célèbre pour conquérir l'Angleterre, Dithmar de Merschourg conte 80 guerriers sur chacun de ses splendides vaisseaux. Sans doute, il ne s'en trouvait pas un plus grand nombre sur chacun des quatre-vingts ou cent vaisseaux Normands en 844.

Le nombre des Normands a été souvent enormément exagéré. L'épouvante agrandit toujours le malheur. Ce n'était pas autant leur nombre, que leur «bravoure peu commune», leur exercice et leur habileté dans la guerre, qui leur donnaient la supériorité sur leurs adversaires